**THE
CHRISTMAS
STORE**

kang nyang_강혜영

하얀 종이 위에 이야기를 그리고 색을 입히는 '그림 그리는 사람'.
대학에서 공예를 전공한 뒤, 일러스트레이터로 활동하면서 문구와 출판물 일러스트 작업을 하고 있다.
아기자기한 소품과 패턴 작업을 즐겨 그리면서 디자인 문구와 패브릭 등 다양한 분야에서 폭넓게 활동하고 있다.
그린 책으로는 《헨젤과 그레텔》, 《아홉 살에 읽는 이상한 나라의 앨리스》, 《여자의 시간》, 《과자로 맛보는 와삭바삭 프랑스 역사》, 《Around My Town_어느 멋진 하루(컬러링북)》 등이 있다.

블로그 http://www.sunroom.today
인스타그램 @KANG_NYANG

THE CHRISTMAS STORE

초판 1쇄 인쇄 2015년 11월 6일
초판 1쇄 발행 2015년 11월 13일

그린이 강혜영

발행인 양원석 | **편집장** 전혜원 | **디자인** RHK 디자인연구소 이기희
마케팅 이영인, 양근모, 윤면규, 김민수, 장현기, 정미진, 이선미
해외 저작권 황지현 | **제작** 문태일
펴낸곳 (주)알에이치코리아 | **주소** 153-802 서울시 금천구 가산디지털2로 53, 20층(한라시그마밸리)
문의 02-6443-8869(내용), 02-6443-8838(구입), 02-6443-8962(팩스)
등록번호 제 2-3726호(2004년 1월 15일 등록)

ⓒ 강혜영, 2015
ISBN 978-89-255-5775-5 (13630)

※ 값은 뒤표지에 있습니다.
※ 잘못된 책은 구입하신 곳에서 바꾸어 드립니다.
⚠ 책 모서리가 날카로워 다칠 수 있으니 사람을 향해 던지거나 떨어뜨리지 마십시오.

알에이치코리아 홈페이지와 카페, SNS로 들어오시면 자사 도서에 대한 더 많은 정보와 다양한 이벤트 혜택을 확인할 수 있으며,
E-book몰에서는 전자책으로도 만나볼 수 있습니다.

주니어RHK 홈페이지 http://jrrhk.com | **E-book몰(RHK북스)** http://ebook.rhk.co.kr | **북카페** http://cafe.naver.com/randomhousekorea
페이스북 https://www.facebook.com/rhk.co.kr | **트위터** @randomhouse_kr | **유튜브** http://www.youtube.com/randomhousekorea

THE CHRISTMAS STORE

핸드메이드 종이 데코 소품집

kang nyang 강혜영

Merry Christmas!

The Christmas Store에 오신 것을 환영합니다!

책 한 권으로 멋진 크리스마스를 꾸며 보세요. 오리고 붙이고 접기만 하면
아기자기한 종이 데코 소품 완성! 러블리하고, 북유럽 느낌이 나는 종이 소품으로
나만의 크리스마스를 마음껏 연출해 보세요.

삼각 갈랜드

산타클로스 부부&집 꾸미기

크리스마스 리스

아기 천사 · 산타클로스 · 눈사람 · 루돌프

만드는 방법

아기 천사 | 산타클로스 | 눈사람 | 루돌프

❶ 오리는 선을 따라 종이 인형 도안과 띠를 오려요.

❷ 인형의 몸을 둥글게 말아 가장자리 부분에 풀칠(또는 테이프)을 해서 붙여요.

❸ 붙인 몸 가운데 부분에 풀이나 테이프를 이용해 날개를 붙여요. (아기 천사만 해당)

❹ 오려 놓은 띠로 고리를 만들어 머리 부분에 고정해요.

모빌

❶ 오리는 선을 따라 모빌 재료를 오려요.

❷ 오려낸 모빌 재료를 반으로 접어요.

❸ 접은 면이 맞닿도록 풀칠해서 붙여요.

❹ 마지막 면을 붙이기 전에 끈을 넣어 고리를 만들고 나머지 면을 붙여요.

별

 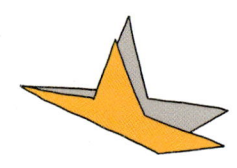  

❶ 오리는 선을 따라 별을 오려요.

❷ 위 그림과 같이 별을 반으로 접어요.

❸ 동일한 방법으로 모든 면(5번)을 접어요.

❹ 별의 입체 효과를 더 주려면 접은 부분을 한번씩 더 접어 주세요.

오너먼트

❶ 오너먼트의 고리 부분에 십자 모양의 칼집을 내거나, 펀치로 뚫어서 끈을 달아요.

❷ 한 개씩 또는 하나의 끈에 여러 개의 오너먼트를 달아 꾸밀 수도 있어요.

삼각 갈랜드

❶ 오리는 선을 따라 삼각 갈랜드를 오려요.

❷ 갈랜드 끝부분을 접고, 접은 부분에 끈을 통과시켜 양면 테이프로 붙여요.

산타클로스 부부&집 꾸미기

❶ 오리는 선을 따라 산타클로스 부부&집 꾸미기 컷을 오려요.

❷ 위 그림과 같이 받침대를 이용해 세워요.

＊나무는 접는 선을 따라 지그재그로 접어 세워 보세요.

리스

❶ 오리는 선을 따라 리스 재료들을 오려요.

❷ 재료들을 이용하여 자유롭게 리스를 꾸며 보세요.

모루 장식

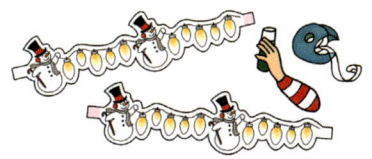

❶ 오리는 선을 따라 모루 장식을 오려요.

❷ 모루 장식 연결 부분을 풀이나 테이프로 연결해요.

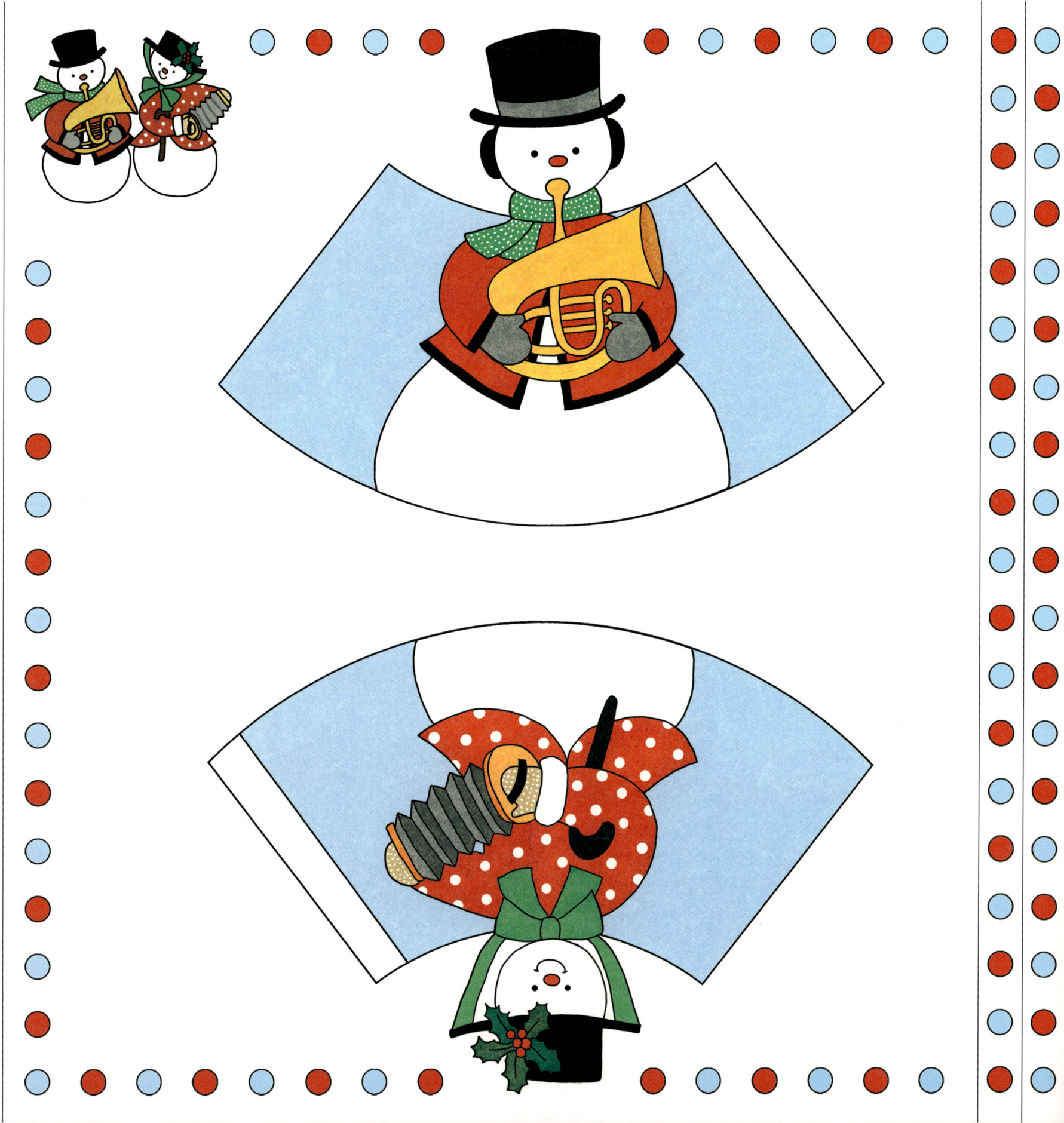

Merry Christmas!

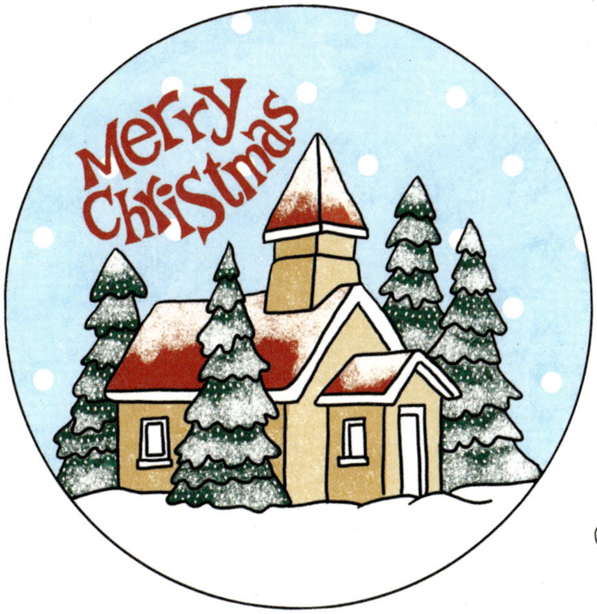
Merry Christmas

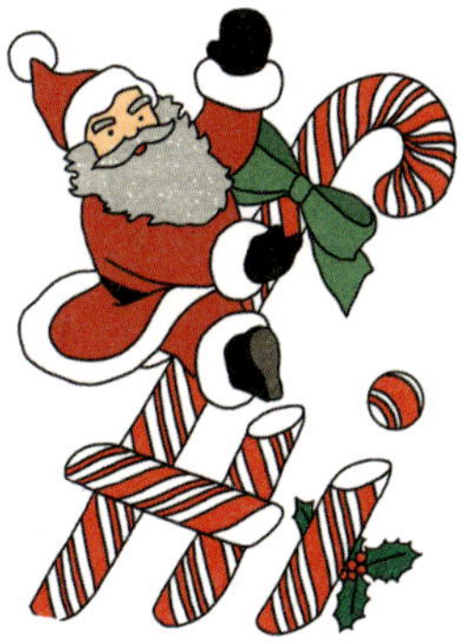
Hi

Merry Christmas

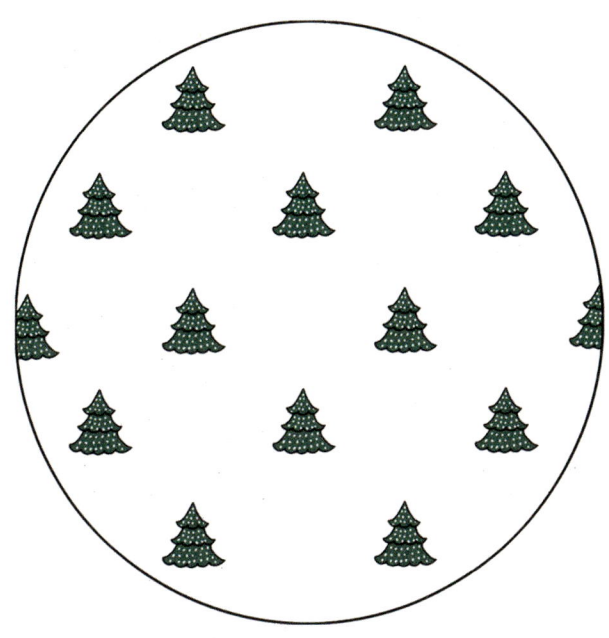

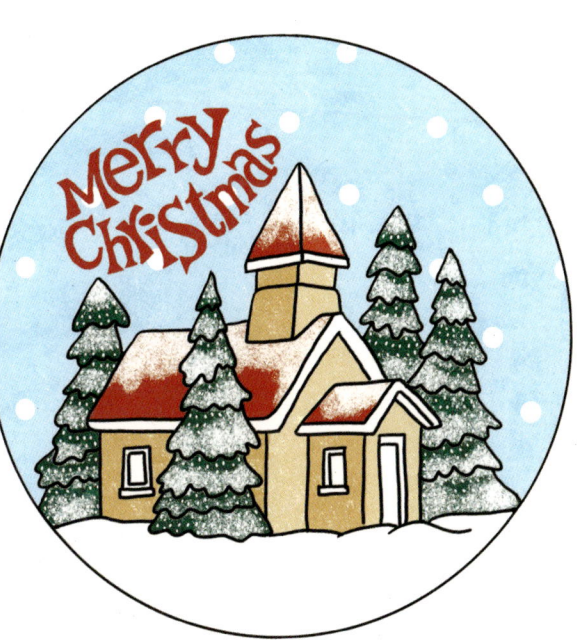

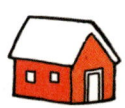

Merry Christmas!

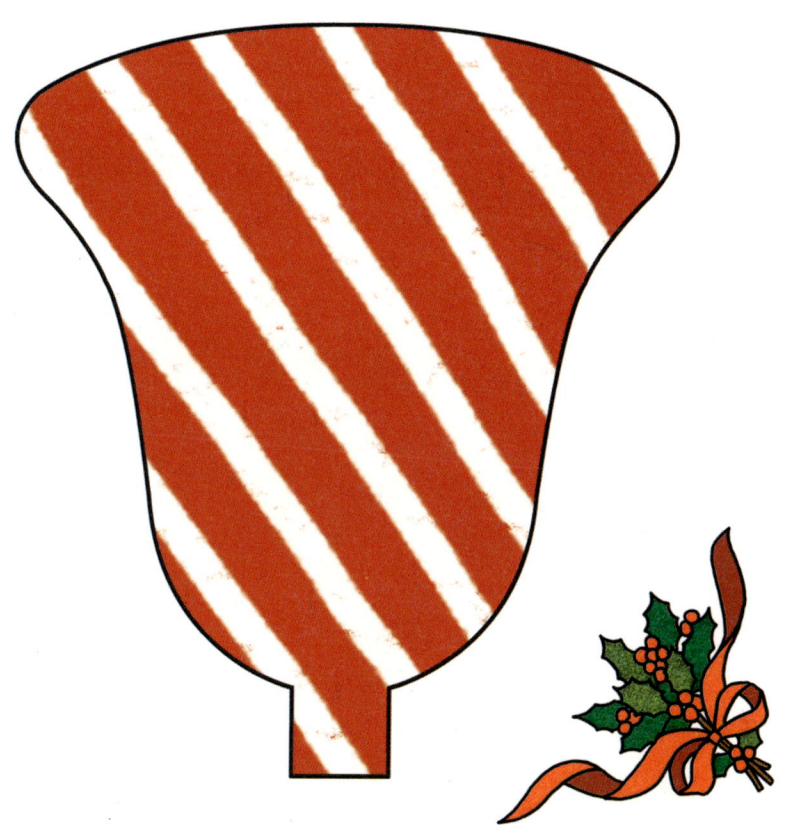

* 실이나 끈에 레터 배너를 붙이거나 레터 배너 상단 가장자리에 구멍을 뚫어 실을 연결하여 장식해 보세요.

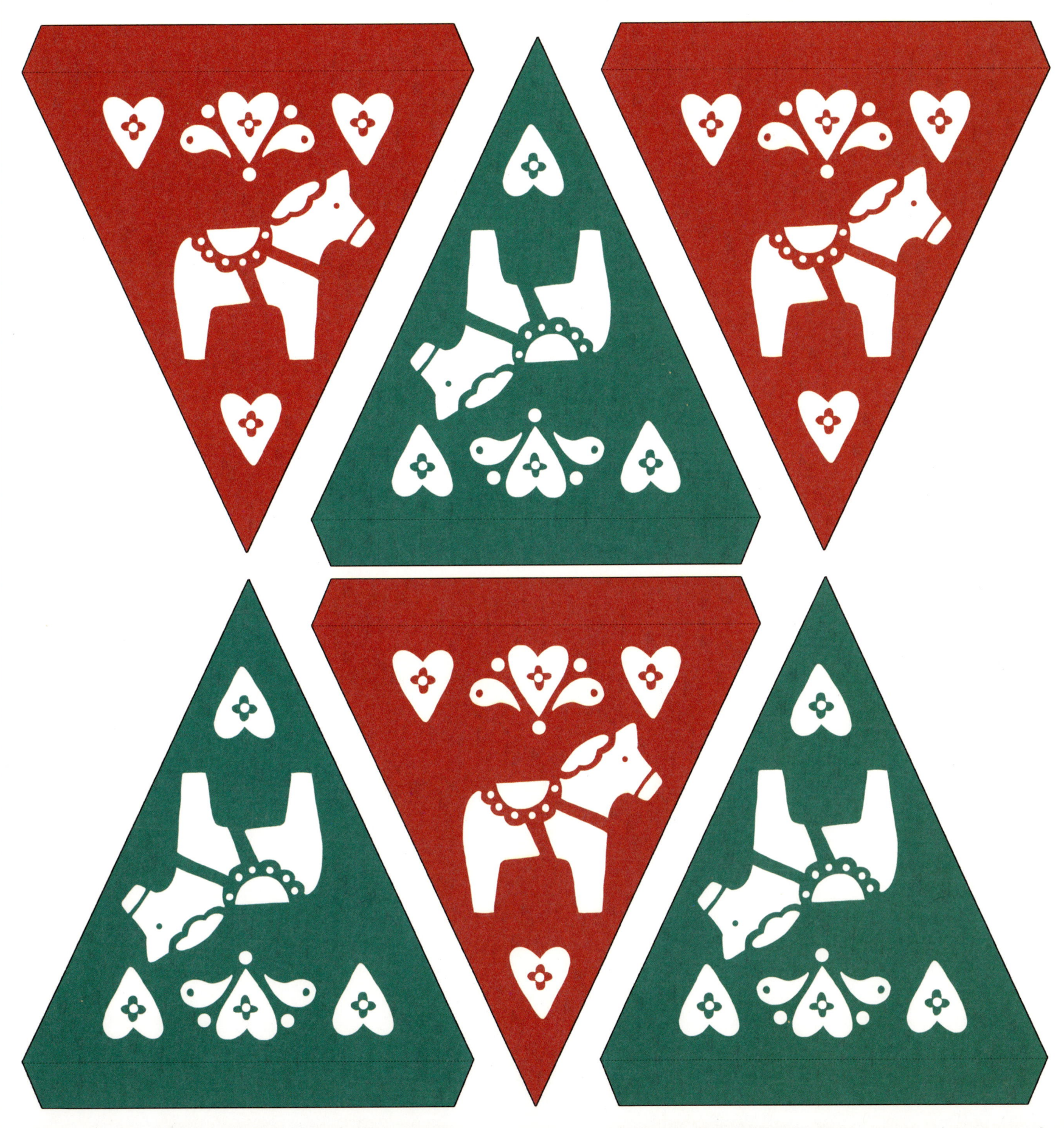

NOEL

Happy CHRISTMAS